Lightning Source UK Ltd.
Milton Keynes UK
UKHW030621121019
351459UK00003B/85/P

9 780464 345992